소그룹기본과정 영성반 | 학습자용

어떤 준비를 하고 사십니까?

소그룹기본과정 영성반 | **학습자용** 어떤 준비를 하고 사십니까?

초판 1쇄 발행 | 2015. 3. 20
초판 1쇄 인쇄 | 2015. 3. 20
지은이 | 강정원 목사
펴낸 이 | 정신일
펴낸 곳 | 크리스천리더
편 집 | 이지선
교 정 | 성주희
일부 총판 | 생명의 말씀사 (02) 3159-7979
등 록 | 제 2-2727호(1999. 9.30)
주 소 | 부천시 원미구 중동 1289번지 팰리스카운티 아이파크상가 3층
전 화 | (032) 342-1979
팩 스 | (032) 343-3567
도서 출간 상담 | E-mail:chmbit@hanmail.net
Homepage | cjesus.co.kr/juwana.co.kr

ISBN : 978-89-6594-145-3 03230

정가 : 3,500원

소그룹기본과정 영성반 | 학습자용

어떤 준비를 하고 사십니까?

강정원 목사

소그룹의 부흥과 정착을 위한 영적성장 프로젝트

CLS 크리스천리더

인사말

오늘날 수많은 사람들이 교회를 다니고 있습니다. 그런데 예수 그리스도가 나의 주요 나의 하나님이라고 고백하며 살아가는 사람들은 얼마나 될까 묻지 않을 수 없습니다.

성경에 보면 바나바와 바울이 안디옥에서 일 년 동안 수고하여 성경을 가르쳤더니 비로소 '그리스도인'이 탄생되었다고 말씀하고 있습니다. 교회를 다니는 것과 그리스도인이 되는 것은 분명 다릅니다.

교회를 잘 다닌다고 해서 반드시 믿음이 좋은 것도 아니고 은혜를 많이 받았다고 해서 교회생활을 잘하고 있다고 말할 수는 없습니다. 교회 안에는 그냥 다니기만 하는 분들이 의외로 많습니다. 그러나 확률적으로 교회를 다니기만 하면 믿음이 성숙되게 자라지를 않습니다. 그래서 교회는 주님의 명령 따라서 반드시 성도들을 양육하며 가르쳐서 지키게 해야 합니다. 나는 지금까지 교회만 다니는 사람 중에서 행복해 하고 즐거워하며 믿음이 성숙해 지는 경우를 보지 못했습니다.

그러나 교회 안에서 체계적으로 말씀을 듣고 배우며 가르침을 받는 분들 가운데에 행복해 하고 만족해 하는 경우를 수 없이 보아왔습니다. 그래서 나는 적어도 성도들을 데리고 있지 말아야지 즉 성도들이 예배 참석하는 것으로 만족하지 말아야지 하는 결론을 내렸고, 성도들을 말씀으로 양육하여 성장시키고 훈련하여 하나님 나라에서 상급 받게 해야 한다고 결론 내렸습니다.

나는 어떤 준비를 하고 사는가? 이 말은 성도 개인에게 해당된 질문이고, 성도들을 어떻게 준비 시키고 있는가? 하는 물음은 목회자가 대답해야 할 물음입니다.

결국 성도들의 영을 회복하여 새로운 삶을 살게 하고 하나님 나라에 가서 상급 받게 하는 사역은 목회자의 몫이고, 상급 받기 위한 나의 준비는 성도의 몫입니다.

이 영성반 교재는 그런 점에서 나의 신앙을 새롭게 하고 하나님 나라를 갈망하게 하며 상급 받을 수 있게 할 것입니다.

어떤 한 과정으로만 여기지 마시고 열정을 쏟아 참여함으로 이 땅에 살면서 참된 준비와 하나님 나라에 가서 상급 받을 준비까지 해내는 사역의 주역들이 되시길 바랍니다.

하나님의 크신 은혜와 한없는 사랑이 배움을 받는 가운데 풍성하게 넘쳐나시길 바랍니다.

감사합니다.

만남의교회 목양실에서

저자 강 정 원 목사

이 교재의 구성 및 사용방법

이 교재는 「학습자용」 교재로 학습을 하면서 직접 정답을 쓰기도 하고 (　　)에 해당된 단어를 넣을 수 있도록 했다.

이 교재는 약 6주 과정으로 진행되며 매 과가 서로 연결되어 하나의 흐름으로 가게 했으며 매 과마다 아이스브레이크를 활용하여 자연스런 분위기를 만들게 했다.

이 교재는 크게 네 가지로 구성했다. 아이스브레이크의 활용, 말씀을 쓰기도 하고 듣고 말하는 시간, 그리고 받은 바 은혜를 나누며 생활과제를 나누도록 했다.

1) 아이스브레이크 활용

본격적인 교재다루기를 들어가기 전에 교재에 명시된 문항들을 읽고 나눔으로써 딱딱한 분위기를 활기찬 분위기로 바꿀 수 있도록 했다.

2)말씀 나누기

학습자는 미리 예습을 해온다. 인도자의 강의를 듣고 질문을 통하여 하나님의 말씀으로 채워지게 한다.

3) 은혜나누기

주어진 질문을 중심으로 받은 바 은혜를 나눠보는 시간을 갖으면서 상대방을 통하여 은혜를 나눈다

4) 생활과제 나누기

그 주간에 주어지는 생활숙제를 통해 배운바를 확고하게 한다.

학습을 위한 시간 배분

1. 마음문 열기와 과제 점검 : 아이스브레이크 – 5~10분
   서로를 위하여 마음을 열 수 있도록 매 과마다 준비된 아이스브레이크를 활용하며 지난 주에 내주었던 과제를 통한 은혜를 나눈다.

2. 여는 찬양 : 5~10분
   교회와 관련이 있는 복음송이나 찬송을 선택하여 부른다.

3. 기도하는 시간 : 3~6분
   기도제목을 주고 합심하여 기도하거나 인도자가 기도한다.

4. 서론 읽기 : 2~4분
   매 과마다 도입을 위하여 서론을 준비했다. 이 서론에서는 문제제기와 함께 그날 학습할 내용 속으로 들어가기 위한 과정이다.

5. 말씀 속으로 들어가기 : 40~ 50분
   이미 예습을 했다면 핵심부분을 짚어주고 강조하면서 빈 공간에 내용을 기록한다.

6. 서로 받은 은혜 나누기 : 4~8분
   받은 은혜를 몇 사람 또는 개인에게 말하게 하고 때로는 깨달은 소감을 나눈다.

소그룹사역은 이렇게 진행됩니다.

1. 소그룹사역의 원칙은 다음과 같습니다.

1) 소그룹은 교회와 가정을 돌아가면서 모일 수 있습니다.

2) 가정에서 모일 때 식사준비는 하지 않습니다.

3) 다만 간단한 다과 준비는 교제하는 데에 유익합니다.

4) 가정이 오픈될 때에는 다른 가정과 비교하는 말이나 행동은 금해야 합니다. 예) 집안 청소, 자녀 수, 집 평수 등

5) 서로에게 상처되는 말은 하지 않도록 합니다.
예) 자존심 건드리는 말, 학력과시, 남편 직업 들추기, 나이로 인한 반말, 끼리끼리 조성하지 않기 등

6) 나의 의견과 다르더라도 이해하고 넘어갈 줄 알아야 합니다.

2. 모든 연락사항은 반장과 총무가 담당합니다. 비록 책임자가 어리고 직분이 없어도 잘 따라주며 협력해 줘야 합니다.

3. 현재 기수를 확인하며 알고 있는 것이 좋습니다.

4. 정한 요일, 정한 시간은 반드시 비워놓도록 하되 6주 정도 진행됩니다.

5. 소그룹 구성원들끼리 돈거래는 절대 안 되며, 부부중심의 계조직 역시 안되는 것을 원칙으로 합니다(돈 잃고, 사람 잃고, 교회 떠나는 일이생깁니다).

6. 소그룹사역 기본과정은 세 과정(양육반, 영성반, 교회론반)이며 순서는 변동 가능합니다.

7. 예습이나 생활과제 등은 반드시 해오도록 합니다.

8. 소그룹 진행 중인 장면과 MT 현장을 사진 촬영하여 기록에 남깁니다.

9. 소그룹사역 기본과정은 믿음이 없어서 실시하는 것이 아니고, 교회의 철학을 공유하고 신앙의 체계적인 과정을 밟아가기 위함입니다.

10. 상황에 따라서는 양육사가 1대 1로 사역할 수 있습니다.

아이스브레이크 (Ice Break)

1. 아이스브레이크(Ice Break)란?
   소그룹에 참여한 구성원들 사이에 서먹서먹하게 냉각된 분위기를 깨뜨려 친밀한 관계형성을 체험할 수 있도록 하고, 나아가 소그룹 구성원들이 서로 격려하고 세우는 가운데 소그룹 자체를 견고하게 할 목적으로 동원되는 모든 의사소통의 총체적인 시간을 말합니다.

2. 이 교재에는 매과마다 아이스브레이크를 소개했습니다.
   매 과와 관련성이 있도록 아이스브레이크를 구성했으며 여러 가지를 소개하지 않고 가볍게 이야기가 시작될 수 있도록 했습니다.

3. 단, 아이스브레이크에 너무 많은 시간을 할애하지 않도록 하십시오.
   매 수업을 진행하다보면 요령도 생기고 변칙도 생겨서 아이스브레이크 시간을 많이 활용하는 경우가 생깁니다. 그러나 그럴수록 짧게 마음의 문을 열게 하는데만 사용해야 합니다

4. 아이스브레이크는 마음열기로 시작해서 보살핌으로 마쳐야 합니다.
   즐겁게 시작해야 하고 다양한 관계의 방으로 가득한 집이 되게 해야 하며 자신을 솔직하게 드러내는 모임이 되게 해야 합니다. 그리고 뜨겁게 마무리가 되게 해야 합니다.

5. 마음열기란?
   곧 바로 그 날 주제로 들어가는 것이 아니라 누구나 활기차고 두려움없이 이야기 할 수 있도록 분위기를 돋우어 주며, 지난 한 주간 힘들었던 일들을 잊어버리고 소그룹 안에서 신나는 대화를 시작하게 해주는 것을 말합니다.

6. 보살핌이란?
   소그룹구성원들이 그들의 모임을 함께 평가하면서 마무리하는 활동을 말합니다. 이 때 이 모임이 영적인 체험되도록 기도로 마무리 할수록 하면서 감사와 응답으로 마무리되게 해야 합니다.

차 례

1과
성경은 어떤 책입니까?

오직 이것을 기록함은 너희로 예수께서 하나님의 아들 그리스도이심을 믿게 하려 함이요 또 너희로 믿고 그 이름을 힘입어 생명을 얻게 하려 함이니라(요한복음 20 : 31)

[아이스브레이크](Ice Break)

1. 지금까지 읽었던 책 중에서 가장 인상 깊고 기억에 남는 것은 무엇인지 기록해 보고 서로 이야기해 봅시다.

[시작하기]

성경은 하나님의 말씀과 예수 그리스도와 이를 믿는 사람들의 신앙고백을 기록한 책입니다. 성경은 하나님의 감동으로 쓰여졌기 때문에 하나님의 뜻을 나타내는 계시의 책이며, 지금도 우리에게 말씀하시는 살아 있는 하나님의 말씀입니다. 따라서 읽는 사람들의 마음을 감동시키고 구원하시는 생명의 말씀입니다.

성경은 하나님의 감동 받은 40여명의 각기 다른 사람들이 약 1600년 동안 다른 시대, 다른 장소에서 여러 가지 목적으로 기록했지만 처음부터 끝까지 하나님의 통일된 주제를 다루고 있습니다.

성경은 구약 39권과 신약 27권, 모두 66권으로 되어 있는데 구약은 히브리어와 아람어로, 신약은 헬라어로 기록되었으며 구약성경의 완성시기는 주전 400년, 신약성경의 완성시기는 주후 90년경입니다.

성경의 주요 내용 중 구약은 인류를 구원하기 위하여 메시야(예수 그리스도)를 보내주시겠다는 것을 예언하고 있으며 신약은 메시야가 오셔서 하신 사역과 삶을 그의 제자들을 통해 어떻게 이방세계로 확장되어 갔는가를 보여주고 있습니다.

따라서 성경을 대하는 우리는 성경이 하나님의 감동으로 기록되었기 때문에 하나님의 감동을 통하여 깨닫고 이해되도록 하나님께 맡기는 자세가 선행되어야 하겠습니다.

말씀살피기

1. 성경을 주신 목적이 무엇입니까?

※ 성경을 찾아 읽으시고 (　)안에 맞는 단어를 기록하십시오.

1) 예수께서 하나님의 아들 (　　　　　　　　)하고 (　　　　　)을 얻게 하기 위해서 입니다.

말씀 | 오직 이것을 기록함은 너희로 예수께서 하나님의 아들 그리스도이심을 믿게 하려 함이요 또 너희로 믿고 그 이름을 힘입어 생명을 얻게 하려 함이니라 (요한복음 20 : 31)

2) 누구든지 영생을 얻게 하고 예수를 (　　　)하기 위해서 입니다.

말씀 | 너희가 성경에서 영생을 얻는 줄 생각하고 성경을 연구하거니와 이 성경이 곧 내게 대하여 증언하는 것이로다 (요한복음 5 : 39)

3) 하나님의 사람으로 (　　　)하게 하고 모든 선한 일을 행할 능력을 갖추게 하려 함입니다.

말씀 | 모든 성경은 하나님의 감동으로 된 것으로 교훈과 책망과 바르게함과 의로 교육하기에 유익하니 이는 하나님의 사람으로 온전하게 하며 모든 선한 일을 행할 능력을 갖추게 하려 함이니라 (디모데후서 3 : 16 ~17)

2. 하나님의 말씀을 더하고 뺄 수 있습니까?

※ 성경을 찾아 읽으시고 (　)안에 맞는 단어를 기록하십시오.

1) 요한계시록 22 : 18 ~ 19
내가 이 두루마리의 예언의 말씀을 듣는 모든 사람에게 증언하노니 만일 누구든지 이것들 외에 (　　)하면 하나님이 이 두루마리에 기록된 (　　)들을 그에게 (　　)하실 것이요 만일 누구든지 이 두루마리의 예언의 말씀에서 (　　)하여 버리면 하나님이 이 두루마리에 기록된 생명나무와 및 (　　　　)에 참여함을 (　　)하여 버리시리라

2) 신명기 4 : 2 내가 너희에게 명령하는 말을 너희는 (　　)하지 말고 내가 너희에게 내리는 너희 하나님 여호와의 명령을 지키라

3. 하나님의 말씀은 어떤 특징을 가지고 있습니까?

※ 아래 성경말씀을 읽으시고 특징이 되는 부분에 밑줄을 그으십시오.

1) 요한복음 6 : 68
시몬 베드로가 대답하되 주여 영생의 말씀이 주께

있사오니 우리가 누구에게로 가오리이까

2) 베드로전서 1 : 23
너희가 거듭난 것은 썩어질 씨로 된 것이 아니요 썩지 아니할 씨로 된 것이니 살아 있고 항상 있는 하나님의 말씀으로 되었느니라

3) 사도행전 19 : 20
이와 같이 주의 말씀이 힘이 있어 흥왕하여 세력을 얻으니라

4. 하나님의 말씀은 어떤 생명력이 있기에 이를 배우며 깨달아야 합니까?

※ 아래 성경말씀을 읽으시고 찾아 기록하거나 (　)안에 맞는 단어를 기록하십시오.

1) 히브리서 4장 12절을 읽고 다섯가지 중 네가지만 기록해 보십시오.

(1)

(2)

(3)

(4)

(5) 마음의 생각과 뜻을 감찰하기 때문이다.

2) 시편 119 : 11
내가 주께 범죄하지 아니하려 하여 (   )을 내 마음에 두었나이다

3) 시편 119 : 105
(   )은 내 발의 등이요 내 길에 빛이니이다

5. 하나님의 말씀이 우리를 위해 하시는 것은 무엇입니까?

※ 아래의 성경말씀을 읽으시고 (   )안에 맞는 단어를 기록하십시오.

1) 우리를 (   )하게 세워주십니다.

말씀 | 지금 내가 여러분을 주와 및 그 은혜의 말씀에 부탁하노니 그 말씀이 여러분을 능히 든든히 세우사 거룩하게 하심을 입은 모든 자 가운데 기업이 있게 하시리라 (사도행전 20 : 32)

2) 우리로 (   )을 가지게 합니다.

말씀 | 무엇이든지 전에 기록된 바는 우리의 교훈을 위하여 기록된 것이니 우리로 하여금 인내로 또는 성경의 위로로 소망을 가지게 함이니라 (로마서 15 : 4)

3) 시편 19편 7~8절을 읽고 네 가지 중 두 가지를 찾아 쓰십시오.

(1) 영혼을 소성케 함

(2)

(3)

(4) 눈을 밝게 함

6. 하나님의 말씀을 견고하게 내 것으로 삼고자 한다면 다음 다섯 가지 방법을 활용해야 합니다.

※ 아래의 성경말씀을 읽으시고 (　)안에 맞는 단어를 기록하십시오.

1) 하나님의 말씀을 주야로 (　　　) 해야 합니다.

말씀 | 이 율법책을 네 입에서 떠나지 말게 하며 주야로 그것을 묵상하여 그 안에 기록한 대로 다 지켜 행하라 (여호수아 1 : 8)

말씀 | 그러므로 믿음은 들음에서 나며 들음은 그리스도의 말씀으로 말미암았느니라 (로마서 10 : 17)

2) 하나님의 말씀을 (　　　) 듣고 기록한 것을 지켜 나가야 합니다.

말씀 | 이 예언의 말씀을 읽는 자와 듣는 자와 그 가운데 기록한 것을 지키는 자는 복이 있나니 때가 가까움이라(요한계시록 1 : 3)

하루에 3장 정도 읽으면 1년에 한번 읽을 수 있다.

3) 진리의 말씀을 옳게 (　　　)하여 부끄러울 것이 없는 일꾼이 되어야 합니다.

말씀 | 너는 진리의 말씀을 옳게 분별하며 부끄러울 것이 없는 일꾼으로 인정된 자로 자신을 하나님 앞에 드리기를 힘쓰라 (디모데후서 2 : 15)

※ 우리 교회에서 실시하고 있는 『말씀을 배우는 시스템』을 아는대로 기록해 보십시오.

(1)

(2)

(3)

(4)

(5)

4) 하나님의 말씀을 내 (　　　　)에 두어야 합니다.

말씀 | 내가 주께 범죄하지 아니하려 하여 주의 말씀을 내 마음에 두었나이다 (시편 119 : 11)

※ 하루가 지난 후 기억하는 양은 다음과 같습니다.

듣기 5%,　읽기 15%,　공부 35%,　암송 100%

5) 하나님의 말씀을 주야로 (　　　) 해야 합니다.

말씀 | 오직 여호와의 율법을 즐거워하며 그의 율법을 주야로 묵상하는도다 (시편 1 : 2)

※ 각 교회들 마다 실정에 맞는 큐티(Q T)를 통한 방법이 좋습니다.

나눔과 적용

1. 성경을 대하는 태도에서 결심한 것이나 계획이 있다면 함께 나눠봅시다.

2. 찬송가 200장(달고 오묘한 그 말씀)을 찾아서 먼저 가사를 읽은 후에 큰소리로 불러봅시다.

■ 꼭 읽으면 도움이 되는 책

1. 성경의 권위, 존 스토트, 한국기독학생회 출판부
2. 말씀의 손 예화, 네비게이토 선교회

■ 생활숙제

1. 소그룹원(가정교회, 목장, 구역, 다락방, 셀 등) 식구들에게 배운 것을 나눠보기

2. 느헤미야 8장 1 ~ 6절을 읽고 이야기 나누기

영성반을 마치면서 받았던 은혜

영성반 여 42기 ○○○ 집사

영성반 교육이 시작된 지 어제 같은데, 한 달 남짓되는 시간 동안의 교육을 마치고 간증문을 쓰게 되니 아쉬움과 허전함이 밀려오네요.이 모든 시간과 여건을 허락하시고 지혜와 용기를 갖게 하신 피난처 되신 하나님께 감사드립니다.

첫 시간 일대일 미팅시간의 설레임, 평상시 눈인사로만 지내던 분들과 마음열기를 통하여 자신을 소개하고 나눔을 통하여 친밀함을 갖게 되니 너무 기뻤지요.

성경이 하나님의 감동으로 기록되었기에 하나님의 감동을 통하여 깨닫고 이해되니 주님께 맡길 수 있는 자세와 가까이 두고 묵상하며 마음에 두어야 영혼이 소성케됨을 알고 말씀을 보니 더 힘이 되고, 말씀을 더 소중히 간직하고 묵상하기를 다짐하는 계기가 되었답니다.

그리고 "성령충만" 에 대해서 수도꼭지와 컵에 비유하는 너무 알기 쉽게 이해시켜주는 부분이라 저의 현재모습을 들여다보고 더 앞으로 달려가리라 다짐했지요. 그 동안 저의 예배드리는 모습은 하나님 보시기에 어떠한 모습일까 부끄러웠고 하나님께 바르게 예배드리는, 예배의 성공자가 되기에 노력하는 자로 변화될렵니다.

많은 다짐 속에 기도를 올바르게 하는 순서 등을 적용하면서 기도문을 작성하는 시간은 성령님께서 함께 하셨습니다.

한 과씩 끝날 때마다 내준 과제물은 학교 다닐적 추억으로 돌아가는 느낌과 부담, 긴장, 기대 속에서 이주엔 목사님께서 어떤 수업을 준비하셨을까? 궁금해 하며, 생활에 적용하는 저를 보면서 6주는 빨리도 지나갔습니다.

영성반 교육을 마치면서 매 과마다 성령충만한 모습들을 보면서 팀원들의 배려 속에 또 하나의 섬김의 모습을 배웠습니다.

고마우신 목사님!

내성적인 면을 털어낼 수 있게 자신감을 심어주시어 끝까지 마무리할 수 있도록 도와주셔서 감사합니다.

무작정 천국소망하며 지낸 지난 시간들은 안타깝기만 하답니다. 이제라도 준비하는 주의자녀, 천국상급에 무감각하게, 제자리에서 있지만은 않을 거예요.

저의 한걸음 한걸음을 주님께서 도우시고, 축복하시리라 믿으며 도전하렵니다.

영성반 42기 식구들! 감사해요!

우리 모두 주님 가까이 하기 원하니 또다시 만나요.

감사합니다.

2과
성령님은 어떤 분이십니까?

그러나 진리의 성령이 오시면 그가 너희를 모든 진리 가운데로 인도하시리니 그가 스스로 말하지 않고 오직 들은 것을 말하며 장래 일을 너희에게 알리시리라 그가 내 영광을 나타내리니 내 것을 가지고 너희에게 알리시겠음이라(요한복음 16 : 13 ~ 14)

[아이스브레이크](Ice Break)

1. 이번 주간 당신에게 최고로 좋았던 일은 무엇입니까? 그리고 속이 상한 일이었지만 무사히 넘어간 일은 무엇입니까?

2. 당신이 부모님에게서나 친척 가운데서 가장 빼닮은 것이 있다면 무엇입니까?

[시작하기]

예수님은 성령님이 오실 것을 약속하셨고, 그 약속대로 성령님이 오셨습니다. 바로 그 성령님이 지금 우리와 함께 계시며, 우리는 그분과 더불어 살고 있습니다. 그러므로 성령님을 바로 알지 못하면 모르는 만큼 자기중심적인 신앙생활을 하기 쉽고 성령의 역사를 체험하지 못하게 됩니다.

성령님은 하나님이 천지를 창조하실 때부터 함께하고 계셨습니다. 창세기 1장 1~2절을 보면 '태초에 하나님이 천지를 창조하시니라 땅이 혼돈하고 공허하며 흑암이 깊음 위에 있고 '하나님의 영'은 수면에 운행하시니라'

이미 그때에 '하나님의 영' 즉 성령님은 함께하고 계셨음을 증명하고 있습니다. 그리고 요한복음 1장은 태초에 '말씀'이 계셨는데 그 말씀이 곧 하나님이셨고 이 말씀이 육신을 입고 오신 분이 바로 성자이신 예수님이십니다.

그러니까 성자나 성령님은 어느 날 갑자기 나타나신 분이 아니라, 이미 태초부터 성부 하나님과 함께 계셨음을 말해 주고 있습니다. 그래서 성부 하나님, 성자 하나님, 성령 하나님을 삼위일체 하나님이라고 설명합니다.

왜 그런지 이 시간을 통해서 구체적으로 살펴봄으로써 성령님이 함께하심이 얼마나 고맙고 감사한지를 확인하고, 또한 삼위일체 하나님을 부인하는 사이비나 이단들에 대한 올바른 대처방안도 살펴보도록 하겠습니다.

말씀살피기

1. 성령님은 어떤 분이십니까?

※ 아래의 성경말씀을 읽으시고 (　　)안에 맞는 단어를 기록하십시오.

1) 성령님은 하나님의 (　　　)이십니다.

말씀 | 땅이 혼돈하고 공허하며 흑암이 깊음 위에 있고 하나님의 영은 수면 위에 운행하시니라(창세기 1 : 2)

....

....

2) 성령님은 하나님의 (　　　　)까지도 통달하게 하십니다.

말씀 | 오직 하나님이 성령으로 이것을 우리에게 보이셨으니 성령은 모든 것 곧 하나님의 깊은 것까지도 통달하시느니라 사람의 일을 사람의 속에 있는 영 외에 누가 알리요 이와 같이 하나님의 일도 하나님의영 외에는 아무도 알지 못하느니라 (고린도전서 2 : 10 ~ 11)

....

....

3) 성령님은 하나님의 또 다른 (　　　　)이십니다.

말씀 | 내가 아버지께 구하겠으니 그가 또 다른 보혜사를 너희에게 주사 영원토록 너희와 함께 있게 하리니 (요한복음 14 : 16)

2. 성령님이 오신 목적은 무엇입니까?

※ 아래의 성경말씀을 읽으시고 (　)안에 맞는 단어를 기록하십시오.

1) 우리를 (　　　) 가운데로 인도하기 위해서이며

2) 주님의 (　　　)을 나타내기 위해서입니다.

말씀 | 그러나 진리의 성령이 오시면 그가 너희를 모든 진리 가운데로 인도하시리니 그가 스스로 말하지 않고 오직 들은 것을 말하며 장래 일을 너희에게 알리시리라 그가 내 영광을 나타내리니 내 것을 가지고 너희에게 알리시겠음이라(요한복음 16 : 13 ~ 14)

3. 성령님이 하시는 사역은 무엇입니까?

※ 아래의 성경말씀을 읽으시고 (　)안에 맞는 단어를 기록하십시오.

1) 성부 하나님과 함께 사람을 (　　　)하셨습니다.

말씀 | 하나님이 이르시되 우리의 형상을 따라 우리의 모양대로 우리가 사람을 만들고(창세기 1 : 26)

2) 예수님을 구주로 (　　　)하게 하십니다.

말씀 | 그러므로 내가 너희에게 알리노니 하나님의 영으로 말하는 자는 누구든지 예수를 저주할 자라 하지 아니하고 또 성령으로 아니하고는 누구든지 예수를 주시라 할 수 없느니라 (고린도전서 12 : 3)

3) 성령님은 성도를 (　　　　　　)에 들어가게 하십니다.

말씀 | 예수께서 대답하시되 진실로 진실로 네게 이르노니 사람이 물과 성령으로 나지 아니하면 하나님 나라에 들어갈 수 없느니라 (요한복음 3 : 5)

4) 성도가 하나님의 (　　　)가 되었음을 대신 증거하십니다.

말씀 | 성령이 친히 우리 영과 더불어 우리가 하나님의 자녀인 것을 증언하시나니 (로마서 8 : 16)

5) 성령의 나타나심은 모든 공동체에 (　　　)을 주시기 위함입니다.

말씀 | 은사는 여러 가지나 성령은 같고 직분은 여러 가지나 주는 같으며 또 사역은 여러 가지나 모든 것을 모든 사람 가운데서 이루시는 하나님은 같으니 각 사람에게 성령을 나타내심은 유익하게 하려 하심이라 (고린도전서 12 : 4 ~ 7)

※ 교회공동체에 유익을 주지 못한 사례들은 어떤 경우이며 왜 그럴까요?

....

....

....

4. 성령충만은 무엇이고 성령충만의 능력은 어떤 방법으로 받습니까?

1) 성령충만이란 다음과 같은 것을 말합니다.

『성령을 받은 사람이 하나님의 뜻대로 사는 것을 주저하지 않는 상태를 말하며 삶 속에 아름다운 열매가 맺히고 예수 그리스도를 증거하며 하나님께 영광 돌리는 삶을 사는 것』을 말합니다.

* 성령 받은 상태와 성령 충만 상태의 차이점

(1) 성령 받은 상태 : 컵의 비유

....

....

(2) 성령 충만 상태 : 수도꼭지의 비유

....

....

말씀 | 성령으로 아니하고는 누구든지 예수를 주시라 할 수 없느니라 (고린도전서 12 : 3)

말씀 | 그들이 다 성령의 충만함을 받고 성령이 말하게 하심을 따라 다른 언어들로 말하기를 시작하니라 (사도행전 2 : 4)

말씀 | 스데반이 성령 충만하여 하늘을 우러러 주목하여 하나님의 영광과 및 예수께서 하나님 우편에 서신 것을 보고 (사도행전 7 : 55)

2) 성령 충만한 능력을 어떻게 받을 수 있을까요?

※ 아래의 성경말씀을 읽으시고 (　　)안에 맞는 단어를 기록하십시오.

(1) 하나님께 (　　)하고 하나님의 말씀을 (　　　　)해야 합니다.

말씀 | 빌기를 다하매 모인 곳이 진동하더니 무리가 다 성령이 충만하여 담대히 하나님의 말씀을 전하니라 (사도행전 4 : 31)

(2) 하나님의 말씀을 (　　) 모든 사람에게 내려옵니다.

말씀 | 베드로가 이 말할 때에 성령이 말씀 듣는 모든 사람에게 내려오시니 (사도행전 10 : 44)

(3) 회개하여 세례를 받을 때 (　　　)의 선물을 받게 됩니다.

말씀 | 베드로가 이르되 너희가 회개하여 각각 예수 그리스도의 이름으로 세례를 받고 죄 사함을 받으라 그리하면 성령의 선물을 받으리니 (사도행전 2 : 38)

나눔과 적용

1. 성령님은 인격체이십니다. 그렇다면 내가 성령충만할 수 있는 구체적인 실천방법을 나눠보도록 합니다.

2. 찬송가 190장(성령이여 강림하사)을 찾아서 먼저 가사를 읽은 후에 큰소리로 불러보자.

■ 읽으면 유익이 되는 책

1. 성령충만함을 얻는 방법, 한국대학생선교회, 순출판사
2. 성령안에서 살아가는 방법, 한국대학생선교회, 순출판사

■ 생활숙제:반드시 해올 수 있도록 지도해야 합니다.

1. 갈라디아서 5 장 22 ~ 23절을 읽고 성령의 아홉가지 열매를 기록해 오십시오.

2. 요한복음 14장 1~31절을 읽은 다음 가장 감명 깊은 내용을 기록하고 이야기 나누기

성령을 선물로 주신 하나님께 감사의 글

영성반 ○○기 ○○○

우리는 하나님께 받은 각각의 선물을 가지고 있다. 그 선물을 어떻게 사용할 것인지는 각자에게 달려있다. 하나님의 인도하심으로 사용하면 많은 사람들에게 유익이 될 것이나, 개인의 영광을 위하여 또는 자기를 위하여 사용하여서는 안 된다.

어리석고 죽을 수밖에 없는 초라한 나를 자녀 삼아주신 하나님께서는 나의 모든 삶을 주관하시며 늘 감사함 가운데 주님을 찾을 수 있도록 해주셨다.

예배를 사모하게 하셔서 예배가운데 말씀 안에 감동과 사랑을 주시며 늘 곁에 계시고 내 안에 계심을 알게 하심에 감사드린다.

늘 찬양 속에 함께 하시며 가슴 뭉쿨함에 떨릴 때도 많고 주님의 사랑을 마음으로 느낄 수 있도록 기쁨으로 찬양드릴 수 있게 해주심을 감사드린다.

사랑의 주님!

주님은 나의 모든 죄를 다 아신다. 숨길 수도 없고 숨길 필요도 없다. 나의 모든 것을 구석구석 아시기 때문에 숨긴다고 숨겨지지도 않기 때문에 늘 우리는 죄 가운데 살아가고 있지만 주님은 또 죄를 회개하게 하신다. 나의 죄를 고백하고 죄를 회개함으로서 잘못을 뉘우치며 눈물도 흘리고 주님 앞에 부끄러운 모습으로 서 있을때 주님은 나의 모든 것을 용서하여 주신다.

나를 사랑하시는 주님은 좋은 교회를 만나게 해주셨고 그 안에서 함께 예배드리고 찬양드리고 기도와 사랑의 교제를 나눌 수 있는 성도들과 함께 하게 해주셨다. 늘 사랑으로 성도들을 섬겨주는 목사님과 가장과 총무 그리고, 함께 사역을 감당할 수 있는 동역자들을 붙여 주셨다.

나의 삶을 주관하시고 늘 주님과 동행할 수 있는 좋은 목회자와 동역자를 주심에 감사드린다.

나와 함께 계시는 주님께 받은 은혜가 너무도 많음을 감사드린다. 주님의 복음을 담대히 전할 수 있는 능력 또한 주님께서 주실 것이라고 믿는다. 나는 나약하지만, 주님은 강하시고 능력의 주님이시기 때문에 주님의 이름으로 나아갈 때 한 영혼을 구원할 수 있도록 복음을 전할 수 있는 믿음을 주신 것을 감사드린다.

우리는 주안에서 자유함을 누린다. 그 자유함을 성령하나님과 함께 함으로 성령을 받은 그리스도인은 내안의 성령님을 모시고 천국가는 날까지 함께 살아가야겠다.

제 3 과
예배는 무엇입니까?

그러므로 형제들아 내가 하나님의 모든 자비하심으로 너희를 권하노니 너희 몸을 하나님이 기뻐하시는 거룩한 산 제물로 드리라 이는 너희가 드릴 영적 예배니라(로마서 12 : 1)

[아이스브레이크](Ice Break)

1. 하나님께서는 우리에게 시간이라는 소중한 선물을 주셨습니다. 영어단어 '현재'(the present)는 '선물'이라는 뜻으로 사용되기도 합니다. 소중한 시간에 대한 아래의 세 가지 문장을 골라 V하고, 소그룹 구성원들과 이야기해 봅시다.

내가 생각하는 가장 소중한 시간은

– 긴 하루 일과를 마친 후 따뜻한 물로 목욕할 때

– 좋은 책을 읽고 있을 때

– 집에서 보내는 조용한 시간

– 열심히 일하고 대가를 얻을 때

– 기타

[시작하기]

예배를 뜻하는 히브리어 '아바드'와 '샤하'는 '섬긴다' '부복한다'는 뜻이고, 헬라어 '프로스퀴네오' '라트류오'는 '경배한다' '받들어 섬긴다'는 의미입니다. 이것들은 모두 종이 주인을 섬길 때 사용되는 단어들입니다. 그들은 무릎을 꿇어 주인의 발에 입맞춤으로 경배하거나 아예 땅바닥에 엎드려서 경배했습니다. 그러므로 그들의 몸도 인격도 보이지 않고 오직 주인의 모습과 주인의 인격만 드러납니다.

예배란 이처럼, 경배하는 사람들은 없어지고 하나님만 온전히 드러나게 하는 행위를 말합니다. 영어로는 예배를 '워쉽'(worship)이라고 하는데 '가치'란 의미의 '워쓰'(worth)와 '신분'을 뜻하는 '쉽'(ship)의 합성어입니다. 그러므로 워쉽이란, 최상의 존경과 존귀를 받을 만한 가치가 있는 분께 드려지는 행위를 말합니다.

이처럼 예배가 하나님께 최상의 가치를 돌려드림으로 오직 하나님만 드러나게 하는 것이라면, 구체적으로 무엇을 어떻게 하라는 것인가? 과연 우리들은 예배를 제대로 알고 드리고 있는가?를 성경을 통하여 살펴보고자 합니다. 그러므로 예배의 본질과 예배의 근본정신을 회복하여 하나님이 바르게 예배하는 자를 찾고 있는 이 때에 예배의 성공자가 되어야 하겠습니다.

말씀살피기

1. 지금까지 나는 예배를 어떻게 알았고, 어떻게 드려 왔는지를 돌아보고 서로 나눠봅시다.

....

....

2. 예배 드리는 목적은 무엇입니까?

※ 아래의 성경말씀을 읽으시고 ( )안에 맞는 단어를 기록하십시오.

1) 예배드리는 목적은 ( )을 위하여 섬기는 것입니다.

말씀 | 여호와께서 아브람에게 나타나 이르시되 내가 이 땅을 네 자손에게 주리라 하신지라 자기에게 나타나신 여호와께 그가 그 곳에서 제단을 쌓고 (창세기 12 : 7)

말씀 | 만일 여호와를 섬기는 것이 너희에게 좋지 않게 보이거든 너희 조상들이 강 저쪽에서 섬기던 신들이든지 또는 너희가 거주하는 땅에 있는 아모리 족속의 신들이든지 너희가 섬길 자를 오늘 택하라 오직 나와 내 집은 여호와를 섬기겠노라 하니 (여호수아 24 : 15)

2) 하나님께 ( )을 돌리는 것입니다.

말씀 | 구름이 회막에 덮이고 여호와의 영광이 성막에 충만하매 (출애굽기 40 : 34)

말씀 | 제사장이 그 구름으로 말미암아 능히 서서 섬기지 못하였으니 이는 여호와의 영광이 여호와의 성전에 가득함이었더라 (열왕기상 8 : 11)

3) 하나님께 영광 돌리지 않고 자신이 그 영광을 받았던 헤롯왕은 어떻게 되었습니까?

말씀 | 헤롯이 영광을 하나님께 돌리지 아니하므로 주의 사자가 곧 치니 (   )에게 먹혀 죽으니라 (사도행전 12 : 23)

3. 예배의 본질은 무엇입니까?

※아래 본문을 읽고 두 가지를 찾아 쓰십시오.

말씀 | 그러므로 형제들아 내가 하나님의 모든 자비하심으로 너희를 권하노니 너희 몸을 하나님이 기뻐하시는 거룩한 산 제물로 드리라 이는 너희가 드릴 영적 예배니라 (로마서 12 : 1)

1) 우리의 (   )을 드리는 것과

2) 하나님이 기뻐하시는 거룩한 (   )로 드리는 것입니다.

3) 하나님이 기뻐하시는 영적인 예배를 다시 한 번 정리하여 기록해 봅시다.

4. 예수님이 말씀하신 중심으로 드리는 예배는 무엇이며 누구를 찾고 있습니까?

※ 아래 본문을 읽고 (   )안에 맞는 용어를 찾아 쓰십시오.

말씀 | 아버지께 참되게 예배하는 자들은 영과 진리로 예배할 때가 오나니 곧 이 때라 아버지께서는 자기에게 이렇게 예배하는 자들을 찾으시느니라 하나님은 영이시니 예배하는 자가 영과 진리로 예배할지니라 (요한복음 4 : 23 ~ 24)

1) 예배드리는 자가 (   )과 (   )로 드리는 예배입니다.

2) 하나님은 이렇게 예배드리는 사람을 (   ) 계십니다.

5. 예배는 크게 드리는 것과 받는 것으로 구분됩니다. 그것이 무엇일까요?

1) 드리는 것은 네 가지입니다.

(1) 찬 양

말씀 | 감사함으로 그의 문에 들어가며 찬송함으로 그의 궁정에 들어가서 그에게 감사하며 그의 이름을 송축할지어다 (시편 100 : 4 ~ 5)

*** 감사함으로 찬양할려면 어떤 준비를 해야 합니까?**

....

....

....

(2) 기 도

말씀 | 또 다른 천사가 와서 제단 곁에 서서 금 향로를 가지고 많은 향을 받았으니 이는 모든 성도의 기도와 합하여 보좌 앞 금 제단에 드리고자 함이라 향연이 성도의 기도와 함께 천사의 손으로부터 하나님 앞으로 올라가는지라 (요한계시록 8 : 3 ~ 4)

*** 기도는 향입니다. 향이 계속 올라가기 위해서는 어떻게 어떤 준비를 해야 합니까?**

....

....

....

말씀 | 지금까지는 너희가 내 이름으로 아무것도 구하지 아니하였으나 구하라 그리하면 받으리니 너희 기쁨이 충만하리라 (요한복음 16 : 24)

* 기쁨이 충만하기 위해서는 어떻게 해야 합니까?

....

....

....

(3) 봉 헌

※ 아래 본문을 읽고 아래 물음에 맞는 말들을 찾아 쓰십시오.

말씀 | 그러므로 내가 이 형제들로 먼저 너희에게 가서 너희가 전에 약속한 연보를 미리 준비하게 하도록 권면하는 것이 필요한 줄 생각하였노니 이렇게 준비하여야 참 연보답고 억지가 아니니라 (고린도후서 9 : 5)

말씀 | 이것이 곧 적게 심는 자는 적게 거두고 많이 심는 자는 많이 거둔다 하는 말이로다 각각 그 마음에 정한 대로 할 것이요 인색함으로나 억지로 하지 말지니 하나님은 즐겨내는 자를 사랑하시느니라 (고린도후서 9 : 6 ~ 7)

* 헌금을 드릴 때 어떤 자세로 드려야 합니까? 위에서 몇 가지로 요약 합시다.

....

....

....

(4) 성도의 교제

말씀 | 그들이 사도의 가르침을 받아 서로 교제하고 떡을 떼며

오로지 기도하기를 힘쓰니라 (사도행전 2 : 42)

※ 우리교회만의 서로 교제하는 프로그램이나 시스템 등을 기록 해봅시다. 그리고 인도자의 설명을 들어봅시다.

....

....

....

2) 받는 것 네 가지입니다.

(1) 성경봉독

말씀 | 에스라가 모든 백성 위에 서서 그들 목전에 책을 펴니 책을 펼 때에 모든 백성이 일어서니라 에스라가 위대하신 하나님 여호와를 송축하매 모든 백성이 손을 들고 아멘 아멘 하고 응답하고 몸을 굽혀 얼굴을 땅에 대고 여호와께 경배하니라 (느헤미야 8 : 5 ~ 6)

※ 성경을 봉독할 때 어떤 자세이여야 합니까? 다섯가지로 요약해 보십시오.

....

....

....

(2) 설 교

말씀 | 베드로가 열 한 사도와 함께 서서 소리를 높여 이르되 유대인들과 예루살렘에 사는 모든 사람들아 이 일을 너희로 알게 할 것이니 내 말에 귀를 기울이라 누구든지 주의 이름을 부르는 자는 구원을 받으리라 이스라엘 사람들아 이 말을 들으라 … 그들이 이 말을 듣고 마음에 찔려 베드로와 다른 사도들에게 물어 이르되 형제들아 우리가 어찌할꼬 하거늘 (사도행전 2 : 14, 21, 22, 37)

① 설교자에 대한 바른 태도는 무엇일까요?

…………………………………………………………………………

…………………………………………………………………………

② 설교 듣는 바른 태도 몇 가지만 나눠봅시다.

…………………………………………………………………………

…………………………………………………………………………

(3) 성만찬 예전

말씀 | 그들이 먹을 때에 예수께서 떡을 가지사 축복하시고 떼어 제자들에게 주시며 이르시되 받아서 먹으라 이것은 내 몸이니라 하시고 또 잔을 가지사 감사 기도하시고 그들에게 주시며 이르시되 너희가 다 이것을 마시라 이것은 죄 사함을 얻게 하려고 많은 사람을 위하여 흘리는 바 나의 피 곧 언약의 피니라 (마태복음 26 : 26 ~ 28)

* 성찬예전에 참여 할려면 어떤 자격이 필요합니까?

....

....

....

(4) 축복기도

말씀 | 주 예수 그리스도의 은혜와 하나님의 사랑과 성령의 교통하심이 너희 무리와 함께 있을지어다 (고린도후서 13 : 13)

* 축복기도 받을 때의 올바른 태도는 무엇입니까?

....

....

....

6. 예배드리는 자는 이런 자세를 가져야 합니다.

1) 설교자와 가장 (   ) 하여 말씀을 들어야 합니다.

말씀 | 너는 하나님의 집에 들어갈 때 네 발을 삼갈지어다 가까이 하여 말씀을 듣는 것이 우매한 자들이 제물 드리는 것보다 나으니 그들은 악을 행하면서도 깨닫지 못함이니라 (전도서 5 : 1)

2) 준비하는 마음과 (　　　)한 태도를 가져야 합니다.

말씀 | 그들이 길 갈 때에 예수께서 한 마을에 들어가시매 마르다라 이름하는 한 여자가 자기 집으로 영접하더라 그에게 마리아라 하는 동생이 있어 주의 발치에 앉아 그의 말씀을 듣더니 (누가복음 10 : 38 ~ 39)

3) 예배 (　　　)을 잘 지켜야 합니다.

말씀 | 제 구시 기도 시간에 베드로와 요한이 성전에 올라갈새 (사도행전 3 : 1)

※ 우리교회만의 예배시간을 아는대로 기록해 봅니다.

....

....

....

나눔과 적용

1. 교회에서 드리는 예배 중에 갱신되어야 할 부분이 있다면 어떤 것들이라고 생각하십니까? 느낀대로 나눠봅시다.

2. 찬송가 27장(빛나고 높은 보좌와)을 찾아서 먼저 가사를 읽은 후에 큰소리로 불러보자.

■ **읽으면 유익이 되는 책**

아는 만큼 누리는 예배, 송인규목사, 홍성사

■ **생활숙제**

1. 로마서 12장 1절을 암기해오기

2. 요한복음 4장 1~42절을 읽은 다음 은혜 받은 내용을 기록하고 이야기 나누기

3. 내가 속한 소그룹(가정교회, 구역, 다락방, 목장 등)에 참석하여 예배드리면서 받은 은혜 나누기

4. 우리교회 예배시간 10~20분 전에 도착하여 입실하기

예수의 12제자와 이름의 뜻은 이렇습니다

1. 시몬 베드로

오순절 날 말씀을 선포했으며 성전 미문의 앉은뱅이를 일으킨 분입니다. 산헤드린 공회의 박해를 잘 견뎌냈으며 아나니아와 삽비라, 마술사 시몬을 견책한 제자입니다. 죽은 자 도르가를 다시 살리셨으며 고넬료에게 복음을 전했습니다. 기적으로 감옥에서 풀려나기도 했고 안디옥에서 바울에게 힐책을 받았습니다. 두 편의 서신을 집필하였으며 전승에 의하면 후에 영국과 프랑스 지역을 방문한 것으로 보입니다. 나중에 네로화제 박해시 (A.D. 64-68) 십자가에 달려죽으셨습니다.

2. 안드레

스구디아, 소아시아, 그리스 등지에서 복음을 전한 것으로 추정되며 아가야지방 파트라스에서 십자가형을 받았습니다.

3. 세베대의 아들 야고보

헤롯 아그립바 1세에 의해 처형된 제자입니다.

4. 요한

성전 미문의 앉은뱅이 사건의 동역자이며 사마리아 지방 전도에 빌립과 함께 참여한 제자입니다. 말년에 밧모섬에서 생을 보냈으며 복음서, 세 편의 서신, 계시록을 집필했습니다. 에베소에서 목회하기도 했으며 초대 영지주의자 케린투스를 반박했고 100년경 에베소에서 여생을 마쳤습니다.

5. 빌립

소아시아 지방 히에라볼리에서 십자가형을 받았다고 전해지고 있습니다.

6. 마태

그의 이름을 인용한 복음서를 집필하였으며 에티오피아, 파르티아, 페르시아, 마케도니아지역 등 저마다 일치하지 않는 전승이 알려지고 있습니다.

7. 도마

도마라는 이름의 뜻은 『쌍둥이』라는 의미입니다. 갈릴리 출신으로 디두모라고도 불리운 예수님의 열 두 제자 중의 한 명으로써 도마에 관한 기록은 사복음서 중 요한복음에 가장 많이 나타나 있습니다.
도마는 주님의 가르침의 진리를 바로 깨닫지 못하고 엉뚱하게 질문하기도 하였고(요14:1-5) 처음에는 부활하신 예수님에 관한 제자들의 증언을 믿지 않았다가 그 뒤 디베랴 바닷가에서 부활하신 예수님을 직접 만나 본 후에는 예수 그리스도를 하나님으로 신앙고백하였으며(요20:26-29) 마가 다락방의 기도모임에 참석하였습니다(행1:13)

8. 바돌로매

빌립과 함께 히에라볼리에서 선교하였으며 아르메니아 지방에서 목회활동 중 순교한 것으로 추정하고 있습니다.

9. 알패오의 아들 야고보

초대교회 전승에서 예수의 형제 야고보와 혼동을 일으킨 장본인으로 시리아 지방에서 목회하였습니다.

10. 다대오

종종 예수의 형제 유다와 혼동되었으며 전승은 그가 에데사와 같이 목회한 것으로 관련시킵니다.

11. 셀롯인 시몬

페르시아, 이집트, 카르타고, 영국 등지와 관련을 맺고 있다고 주장되어지고 있습니다.

12. 가룟 유다

예수를 배반한 후 목매어 자살한 제자입니다.

제 4 과
기도는 무엇입니까?

너희가 내게 부르짖으며 내게 와서 기도하면 내가 너희들의 기도를 들을 것이요 너희가 온 마음으로 나를 구하면 나를 찾을 것이요 나를 만나리라 (예레미야 29 : 12 ~ 13)

[아이스브레이크](Ice Break)

1. 아래의 목록 가운데서 지금 당신에게 가장 필요한 것을 세 가지만 골라 보십시오. 그리고 함께 참여하고 있는 소그룹 구성원들에게 자신이 선택한 것이 무엇이고 왜 선택하게 되었는지를 이야기해 봅시다.

....

....

....

생기와 활력	균형	믿음	기쁨	안정	활동성	목표
인내	보살핌	자신감	용서	절제	자유	영양섭취
음악	대화	건강	축하	돈	친구	

[시작하기]

대화 없는 부부가 있다면 이미 파경의 길에 들어선 것처럼, 대화 없는 곳에는 따스한 사랑과 애정 어린 격려가 있을 수 없습니다. 기도는 하나님과 인간 사이에 존재하는 대화요 교제입니다. 따라서 기도하지 않는 그리스도인과 하나님과의 관계는 별거중인 부부사이와 같습니다.

단절된 대화와 교제가 회복되어 관계가 형성될 때 진정한 부부요 애정 어린 격려가 있듯이, 그리스도인은 하나님과의 관계가 대화와 교제로 회복되고 형성되어야 합니다. 그것이 기도입니다. "기도"를 영어로 "Pray"라고 하는데 그 뜻은 "간청한다, 탄원한다, 애원한다"입니다. 따라서 그리스도인은 하나님께 끊임없이 애원하고 간청할 때 하나님은 들으시고 그리스도인은 응답을 받습니다.

또한 기도는 영적생활의 문을 여는 열쇠와 같습니다. 아무리 많은 열쇠를 손에 쥐고 있다 할지라도 그 문에 맞는 열쇠라야 문을 열 수 있습니다. 마찬가지입니다. 기도를 정확히 알고 올바로 드릴 때 하나님께 올라가는 것이고, 하나님은 들으시며 응답하십니다.

그러므로 기도가 무엇이며 왜 해야 되는 것인지, 그리고 기도드리는 방법을 배움으로 모든 그리스도인의 기도가 하나님께 올라가고 응답받는 일들이 많아야겠습니다.

말씀살피기

1. 기도란 무엇입니까?

※ 아래 본문을 읽고 (　　) 안에 맞는 용어를 찾아 쓰십시오.

1) 하나님께 드리는 (　　)입니다.

말씀 | 그 두루마리를 취하시매 네 생물과 이십 사 장로들이 그 어린 양 앞에 엎드려 각각 거문고와 향이 가득한 금 대접을 가졌으니 이 향은 성도의 기도들이라 (요한계시록 5 : 8)

2) 기도는 우리들의 구하는 것을 (　　　)하는 것입니다.

말씀 | 너희가 나를 택한 것이 아니요 내가 너희를 택하여 세웠나니 이는 너희로 가서 열매를 맺게 하고 또 너희 열매가 항상 있게 하여 내 이름으로 아버지께 무엇을 구하든지 다 받게 하려 함이라 (요한복음 15 : 16)

2. 기도드리는 궁극적인 목적은 무엇입니까?

※ 아래 본문을 읽고 (　　)안에 맞는 용어를 찾아 쓰십시오.

1) 하나님이 들어주시고 (　　)주시기 때문입니다.

말씀 | 너희가 내게 부르짖으며 내게 와서 기도하면 내가 너희들의 기도를 들을 것이요 너희가 온 마음으로 나를 구하면 나를 찾을 것이요 나를 만나리라 (예레미야 29 : 12 ~ 13)

2) 하나님이 (   )을 받으셔야 하기 때문입니다.

말씀 | 너희가 내 이름으로 무엇을 구하든지 내가 행하리니 이는 아버지로 하여금 아들로 말미암아 영광을 받으시게 하려 함이라 (요한복음 14 : 13)

3. 무엇을 가장 우선적으로 기도해야 합니까?

말씀 | 그런즉 너희는 먼저 (   )와 (   )를 구하라 그리하면 이 모든 것을 너희에게 더하시리라 (마태복음 6 : 33)

....

....

4. 데살로니가전서 5장 17절은 "쉬지 말고 기도하라"고 명령하고 있습니다. 왜 쉬지 말고 기도해야 합니까?

말씀 | 나는 너희를 위하여 기도하기를 (   )를 여호와 앞에 결단코 범하지 아니하고 선하고 의로운 길을 너희에게 가르칠 것인즉 (사무엘상 12 : 23)

....

....

5. 기도응답을 방해하는 요인들은 무엇입니까?

※ 아래 본문을 읽고 (   )안에 맞는 용어를 찾아 쓰십시오.

1) 나의 마음에 (   )을 품으면 듣지 않으십니다.

말씀 | 내가 나의 마음에 죄악을 품었더라면 주께서 듣지 아니

하시리로다 (시편 66 : 18)

2) (   )하는 기도를 듣지 않으십니다.

말씀 | 오직 믿음으로 구하고 조금도 의심하지 말라 의심하는 자는 마치 바람에 밀려 요동하는 바다 물결 같으니 (야고보서 1 : 6 ~ 7)

3) (   )으로 쓰려고 구할 때 듣지 않으십니다.

말씀 | 구하여도 받지 못함은 정욕으로 쓰려고 잘못 구하기 때문이라 (야고보서 4 : 3)

....

....

4) (   )하는 기도일 때 듣지 않으십니다.

말씀 | 또 기도할 때에 이방인과 같이 중언부언하지 말라 그들은 말을 많이 하여야 들으실 줄 생각하느니라 (마태복음 6 : 7)

6. 어떻게 기도드려야 응답받을 수 있습니까?

※ 아래 본문을 읽고 (   )안에 맞는 용어를 찾아 쓰십시오.

1) 하나님의 (   )대로 하는 기도를 들으십니다.

말씀 | 그를 향하여 우리의 가진 바 담대함이 이것이니 그의 뜻대로 무엇을 구하면 들으심이니라 우리가 무엇이든지 구하는 바를 들으시는 줄을 안즉 우리가 그에게 구한 그것을 얻은 줄을 또한 아느니라 (요한일서 5 : 14 ~ 15)

2) 예수님 안에 (   )하는 기도를 들으십니다.

말씀 | 너희가 내 안에 거하고 내 말이 너희 안에 거하면 무엇이든지 원하는 대로 구하라 그리하면 이루리라 (요한복음 15 : 7)

3) 두 세 사람이 땅에서 (   )하는 기도를 들으십니다.

말씀 | 진실로 다시 너희에게 이르노니 너희 중의 두 사람이 땅에서 합심하여 무엇이든지 구하면 하늘에 계신 내 아버지께서 그들을 위하여 이루게 하시리라 (마태복음 18 : 19)

7. 기도드리는 방법은 다음과 같습니다.

※ 아래 본문을 읽어가면서 기도드리는 순서를 7가지로 하면 됩니다.

1) 하늘에 계신 우리 아버지여 (   ) – (   )을 불러야 합니다.

말씀 | 그러므로 너희는 이렇게 기도하라 하늘에 계신 우리 아버지여 이름이 거룩히 여김을 받으시오며 (마태복음 6 : 9)

2) (   )함으로 하나님께 아뢰는 것입니다.

말씀 | 아무 것도 염려하지 말고 다만 모든 일에 기도와 간구로 너희 구할 것을 감사함으로 하나님께 아뢰라 그리하면 모든 지각에 뛰어난 하나님의 평강이 그리스도 예수 안에서 너희 마음과 생각을 지키시리라 (빌립보서 4 : 6 ~ 7)

3) 우리의 죄를 (   )하는 것입니다.

말씀 | 만일 우리가 우리 죄를 자백하면 그는 미쁘시고 의로우사 우리 죄를 사하시며 우리를 모든 불의에서 깨끗하게 하실 것이요 (요한일서 1 : 9)

4) 도고 및 (   )하는 일입니다.

말씀 | 모든 기도와 간구를 하되 항상 성령 안에서 기도하고 이를 위하여 깨어 구하기를 항상 힘쓰며 여러 성도를 위하여 구하라 (에베소서 6 : 18)

말씀 | 구하라 그리하면 너희에게 주실 것이요 찾으라 그리하면 찾아낼 것이요 문을 두드리라 그리하면 너희에게 열릴 것이니 (마태복음 7 : 7)

5) 우리의 (   )를 드리는 것입니다.

말씀 | 야곱이 서원하여 이르되 하나님이 나와 함께 계셔서 내가 가는 이 길에서 나를 지키시고 먹을 떡과 입을 옷을 주시어 내가 평안히 아버지 집으로 돌아가게 하시오면 여호와께서 나의 하나님이 되실 것이요 내가 기둥으로 세운 이 돌이 하나님의 집이 될 것이요 하나님께서 내게 주신 모든 것에서 십분의 일을 내가 반드시 하나님께 드리겠나이다 하였더라 (창세기 28 : 20 ~ 22)

6) (   )의 이름으로 기도드려야 합니다.

말씀 | 내 이름으로 무엇이든지 내게 구하면 내가 행하리라 (요한복음 14 : 14)

7) (   )으로 끝내야 합니다.

※ 뜻 : 믿습니다. 그렇게 되기를 원합니다. 소원합니다.

8. 기도에 대한 하나님의 축복은 다음과 같습니다.

※ 아래 본문을 읽고 해당된 단어를 (   )안에 찾아 쓰십시오.

1) 죄사함을 받습니다.

말씀 | 그러므로 이제 그리스도 예수 안에 있는 자에게는 결코 (   )이 없나니 이는 그리스도 예수 안에 있는 생명의 성령의 법이 죄와 사망의 법에서 너를 해방하였음이라 (로마서 8 : 1 ~ 2)

2) 문제해결을 받습니다.

말씀 | 그가 내게 간구하리니 내가 그에게(   )하리라 그들이 환란 당할 때에 내가 그와 함께 하여 그를 건지고 영화롭게 하리라 (시편 91 : 15)

3) 기쁨이 충만해 집니다.

말씀 | 지금까지는 너희가 내 이름으로 아무 것도 구하지 아니하였으나 구하라 그리하면 받으리니 너희 (　　　)이 충만하리라 (요한복음 16 : 24)

4) 성령의 충만함과 담대함을 주십니다.

말씀 | 빌기를 다하매 모인 곳이 진동하더니 무리가 다 성령이 (　　　)하여 담대히 하나님의 말씀을 전하니라 (사도행전 4 : 31)

나눔과 적용

1. 모든 기도는 응답이 있는데 내 기도가 응답받지 못했다고 생각되는 이유는 무엇이었으며 응답 받기 위해서 내가 취해야 할 태도는 무엇입니까? 서로 나눠봅시다.

2. 찬송가 369장(죄짐 맡은 우리 구주)을 찾아서 먼저 가사를 읽은 후에 큰 소리로 불러보자.

■ **읽으면 유익이 되는 책**

1. 기도하는 방법, 한국대학생선교회, 순출판사
2. 기도 응답을 받는 방법, 제리 브릿지즈 지음, 네비게이토 출판사

■ **생활숙제**

1. 사도행전 12장 1 ~ 25절을 읽고 이야기 나누기

2. 기도문을 배운대로 작성해 오십시오(A4용지)
(상황에 따라 써올 수 없는 경우는 다른 방법으로 대체하십시오)

예수님에게 드리는 기도문

영성반 ○○기 ○○○

나를 구원 하시고 살아계신 하나님.... 저의 기도도 들어 주실런지요?

아무것도 염려하지 말고 오직 모든 일에 기도와 간구로 너희 구할 것을 감사함으로 하나님께 아뢰라 하셨으니 감사함으로 진정 아뢰겠습니다. 감사합니다. 저를 세상에서 건져주시어 하나님과 함께 동행 한다는 것이 이렇게 가슴 떨리고 마음이 든든한지요.. 예수님이 나를 위해 십자가의 고통으로 내 죄를 대속해 주셨으니 감사하고 감사합니다. 주님 품에 안기길 원하며 애타하며 기도했을 주위의 많은 분들이 있었음에 감사하며 나 또한 다른 사람을 위해 기도드릴 수 있음에 감사합니다.

소그룹 중심으로 평신도 지도자와 함께 동역하는 건강한 만남의 교회, 그것도 엎어 지면 코 닿을 데로 세워 주시고 하나님이 주신 사명을 이루기 위해 헌신하시는 우리 강정원 목사님을 만나게 해 주신 것도 하나님의 뜻인 줄로 압니다. 교회 성도님들과의 교제도 진실되게 자연스럽게 이끌어 주신 주님.. 감사합니다. 제 마음 속에 평안과 기쁨이 있는 건 하나님 덕분인걸 알지요.. 감사해요~~ 나의 존재는 남들의 평가가 아니라 하나님이 나를 어떻게 보시는가에 달려 있음을 알게 해 주신 주님 감사합니다.

제 아이들 하나도 아니고 셋이나 되는 큰 기업을 맡기셨으니 주의 훈계와 하나님의 든든한 빽으로 건실하게 키우겠습니다. 감사합니다. 예전에는 미쳐 몰랐던 찬양 가운데 은혜가 충만할 수 있다는 것이 감사합니다.

지금까지 내 영과 육신에만 열중했기에 늘 힘들어했고 지쳤지만 이제 하나님의 영이 함께 해 주시니 담대해 지렵니다. 인생에는 세 가지 만남이 있다고 하는데..

어린시절 어머니와의 만남, 넉넉하지는 않았지만 사랑을 할 줄 알게 해 주셨고, 둘째는 부부와의 만남, 마음이 건강한 사람을 만나게 되었고, 셋째는 참된 행복을 주는 만남.. 주님을 만났으니 어머니, 남편과 함께 교회에 나오는 것이 소망이 되었습니다.

만일 우리가 우리 죄를 자백하면 저는 미쁘시고 의로우사 우리 죄를 사하시며 모든 불의에서 우리를 깨끗케 하실 것이라 하였으니 저의 죄를 예수님의 십자가에 못 박았느니라... 철없던 사춘기 시절 볼품없고 초라하게 지나가시는 아버지의 모습을 친구들에게 보이기 싫어 못 본척 수다떨며 지나갔습니다. 부모가 되어 생각해 보니 죄스럽습니다.

예수님은 진정으로 하나님 아버지를 순종하며 섬기셨음에도 불구하고 우리 인간들 때문에 십자가를 지게 하셨으니 아버지의 마음이 얼마나 고통스러우셨을까요? 아이들에게 시시때때로 마음의 상처와 내 감정에 의해서 행해져온 회초리를 들었습니다, 하나님 앞에 회개 합니다.

친정 엄마가 와 계셨을 때 심신이 피곤하다는 이유로 바깥경치 한번 제대로 구경시켜 드리지 못하고 정성스레 모시지 못했습니다. 올 겨울에 오실 때는 하나님의 말씀과 더불어 말벗이 되어 드리겠습니다.

눈에 보이는 것에서 하나님을 의심한 죄 용서하세요. 남편이 힘들어 할 때 하나님의 기도보다 인간으로써의 위로가 먼저 앞서 아무런 위안이 되지 못했습니다. 아이 셋을 키운다고 힘겨워 하며 모든 일에 게으름이 잔재되어 주위를 돌아보지 못하고 살았습니다. 세상 사람들도 잘 섬기어 하나님의 말씀이 역사하시길 기도합니다.

우리 ○○ 가정교회에 모일 때마다 성령님이 역사하시어 가장님의 말씀인도하심이 은혜로 충만되게 하옵시며 사랑하는 모든 가원들에게 하나님의 은총이 한없길 기도합니다. 특히 ○○○ 집사님을 기억하시어 사탄의 방해에 굴하지 않고 굳건하게 믿음 지킬 수 있도록 도와주세요.

우리 만남의 교회를 사랑하사 하나님의 역사하심이 날로 비전 있게 나아가 하나님 홀로 영광 받으소서.

우리 강정원 목사님 너무도 힘든 가운데서도 항상 밝게 웃어 주시는 그 힘은 주님이 불어 넣어 주시는 거죠? 간절히 원하옵건데 건강 지켜 주시어 하나님 나라 확장시키시는데 장애 없도록 하여 주십시오.

하나님의 나타나심만 보여 달라고 기도드려왔습니다. 정작 내가 하나님을 보지 못하는 것을 진리이신 하나님 , 영이신 하나님, 마음으로 볼 수 있게 믿음의 눈을 뜨게 해주세요. 모든 일이 저의 뜻이 아닌 하나님이 원하시는 뜻대로 살아가길 소원합니다.

거룩하신 예수 그리스도의 이름으로 기도드립니다. 아멘

제 5 과
어떤 준비를 하고 사십니까?
- 하나님 나라와 상급 -

예수께서 대답하시되 내 나라는 이 세상에 속한 것이 아니니라 만일 내 나라가 이 세상에 속한 것이었더라면 내 종들이 싸워 나로 유대인들에게 넘겨지지 않게 하였으리라 이제 내 나라는 여기에 속한 것이 아니니라 (요한복음 18 : 36)

[아이스브레이크](Ice Break)

1. 아래의 질문들은 그 동안 함께 소그룹으로 참여하여 삶을 나누었던 형제 자매된 소그룹원들을 위한 질문입니다. 돌아가면서 아래 질문에 대답하고, 그 답변에 대하여 이야기해 봅시다.

   – 이 소그룹으로부터 받은 한 가지 축복이 있다면 무엇입니까?

   – 최근에 당신이 다른 사람에게 도움이 되었던 일이 있었습니까? 당신이 무엇을 했습니까?

[시작하기]

예수의 최대 관심사는 하나님 나라를 선포하는 것이며 선포한 말씀을 해설하는 데 그 목적이 있습니다. 복음서 전체를 일관하는 예수 교훈의 중심 테마 역시 하나님 나라입니다.그래서 세례요한은 광야에서 '회개하라 천국이 가까웠느니라'고 외쳤고, 예수님도 광야에서 40일 동안 금식기도 하신 후에 '회개하라 천국이 가까웠느니라'고 외쳤습니다.

예수님은 산에 오르셔서 여덟가지 복을 말씀하셨는데 그 첫 번째 말씀이 '심령이 가난한 자는 복이 있나니 천국이 저희 것임이요' 그랬고, 여덟 번째 말씀 역시 '의를 위하여 핍박을 받는 자는 복이 있나니 천국이 저희 것임이요'라고 하셨습니다.성경이 말씀하고 있는 하나님 나라, 즉 천국에 관하여 얼마나 알고 계십니까? 하나님 나라에 대한 바른 이해가 없으면 하나님 나라시민으로서의 사명을 바르게 감당할 수 없을 뿐만 아니라 상급 역시 받지 못할 것입니다.

성경은 하나님 나라와 함께 상급을 강조하고 있습니다. 그냥 막연하게 천국만 가면 되지 하는 생각은 매우 위험한 생각입니다. 그렇다면 어떤 사람이 상급을 받을 수 있을까요? 상급을 받기 위해서는 어떤 신앙생활을 해야 하며 어떻게 살아야 할까요? 이 시간 진지하게 살펴보도록 하겠습니다.

말씀살피기

1. 지금까지 하나님 나라, 즉 천국에 대해서 어떻게 알고 있으며 이해하고 계십니까?

....

....

....

2. 성경이 말씀하고 있는 하나님의 나라는 미래적인 면에서 어떤 나라일까요?

※ 아래 본문을 읽고 해당된 단어를 (　　)안에 찾아 쓰십시오.

1) 하나님이 (　　　　　　)는 나라입니다.

말씀 | 여호와께서 그의 보좌를 하늘에 세우시고 그의 왕권으로 만유를 다스리시도다(시편 103 : 19)

2) 창세로부터 (　　　　)된 나라입니다.

말씀 | 그 때에 임금이 그 오른편에 있는 자들에게 이르시되 내 아버지께 복 받을 자들이여 나아와 창세로부터 너희를 위하여 예비된 나라를 상속받으라 (마태복음 25 : 34)

3) 하나님의 나라는 이 (   )에 속한 나라가 아닙니다.

말씀 | 예수께서 대답하시되 내 나라는 이 세상에 속한 것이 아니니라 만일 내 나라가 이 세상에 속한 것이었더라면 내 종들이 싸워 나로 유대인들에게 넘겨지지 않게 하였으리라 이제 내 나라는 여기에 속한 것이 아니니라 (요한복음 18 : 36)

4) 하나님의 (   )이 있는 나라입니다.

말씀 | 성령으로 나를 데리고 크고 높은 산으로 올라가 하나님께로부터 하늘에서 내려오는 거룩한 성 예루살렘을 보이니 하나님의 영광이 있어 그 성의 빛이 지극히 귀한 보석 같고 벽옥과 수정 같이 맑더라 (요한계시록 21 : 10 ~ 11)

말씀 | 그 성은 해나 달의 비침이 쓸 데 없으니 이는 하나님의 영광이 비치고 어린 양이 그 등불이 되심이라 (요한계시록 21 : 23)

3. 성경이 말씀하고 있는 하나님의 나라는 현재적인 면에서 어떤 나라일까요?

※ 아래 본문을 읽고 해당된 단어를 (   )안에 찾아 쓰십시오.

1) 하나님의 나라는 (   ) 안에 있습니다.

말씀 | 바리새인들이 하나님의 나라가 어느 때에 임하나이까 묻거늘 예수께서 대답하여 이르시되 하나님의 나라는 볼 수 있게 임하는 것이 아니요 또 여기 있다 저기 있다고도 못하리니 하나님의 나라는 너희 안에 있느니라 (누가복음 17 : 20 ~ 21)

2) 하나님의 나라는 (   )안에 있는 나라입니다.

말씀 | 하나님의 나라는 먹는 것과 마시는 것이 아니요 오직 성령 안에 있는 의와 평강과 희락이라 (로마서 14 : 17)

4. 하나님 나라 확장은 어떻게 이루어집니까?

※ 아래 본문을 읽고 해당된 단어를 (   )안에 찾아 쓰십시오.

1) 하나님의 나라는 (   )할 때 이루어집니다.

말씀 | 이 때부터 예수께서 비로소 전파하여 이르시되 회개하라 천국이 가까이 왔느니라 하시더라 (마태복음 4 : 17)

2) 하나님의 나라는 (   )와 (   )같아야 이루어집니다.

말씀 | 그러므로 예수께서 이르시되 하나님의 나라가 무엇과 같을까 내가 무엇으로 비교할까 마치 사람이 자기 채소밭에 갖다 심은 겨자씨 한 알 같으니 자라 나무가 되어 공중의 새들이 그 가지에 깃들였느니라 또 이르시되 내가 하나님의 나라를 무엇으로 비교할까 마치 여자가 가루 서 말 속에 갖다 넣어 전부 부풀게 한 누룩과 같으니라 하셨더라 (누가복음 13 : 18 ~ 21)

5. 주님은 하나님 나라를 내 아버지의 집이라고 말합니다. 그리고 너희들을 위하여 거처를 예비하러 간다고 말씀합니다. 어떤 사람이 하나님의 나라에 들어갈 수 있습니까?

※ 아래 본문을 읽으시고 물음에 나의 생각을 기록해 보겠습니다.

너희는 마음에 근심하지 말라 하나님을 믿으니 또 나를 믿으라 내 아버지 집에 거할 곳이 많도다 그렇지 않으면 너희에게 일렀으리라 내가 너희를 위하여 거처를 예비하러 가노니 가서 너희를 위하여 거처를 예비하면 내가 다시 와서 너희를 내게로 영접하여 나 있는 곳에 너희도 있게 하리라 (요한복음 14 : 1 ~ 3)

1) 여기서 말씀하고 있는 아버지의 집은 영원한 하나님의 나라 즉 천국을 말하며 거할 곳이 많다는 것은 천국의 찬란한 생활을 묘사하고 있습니다. 어떤 믿음을 가졌을 때 하나님의 나라를 들어갈 수 있다고 생각되는지 기록해 봅니다.

....

....

....

2) 성경에서 밝히고 있는 하나님의 나라가 구체적으로 어떤 곳인지를 직접 찾아 (　　　)안에 맞는 단어를 써 넣은 다음 인도자의 설명을 듣습니다.

말씀 | 또 내가 보매 거룩한 성 (　　　　)이 하나님께로부터 하늘에서 (　　　　) 그 준비한 것이 신부가 남편을 위하여 단장한 것 같더라 내가 들으니 보좌에서 큰 음성이 나서 이르되 보라 하나님의 장막이 사람들과 함께 있으매 (　　　　)이 그들과 함께 계시리니 그들은 하나님의 백성이 되고 하나님은 친히 그들과 함께 계셔서 모든 (　　　)을 그 눈에서닦아 주시니 다

시는 (　　　)이 없고 (　　　)하는 것이나 (　　)하는 것이나 (　　　)것이 다시 있지 아니하리니 처음 것들이 다 지나갔음이러라 (요한계시록 21 : 2 ~ 4)

....

....

....

6. 어떤 사람이 하나님 나라에 들어가며 어떤 상급을 받게 됩니까?

※ 아래 본문을 읽고 해당된 단어를 (　　)안에 찾아 쓰십시오.

1) 세상 어떤 환난 가운데서도 (　　　　)한 믿음으로 승리할 때입니다.

말씀 | 이것을 너희에게 이르는 것은 너희로 내 안에서 평안을 누리게 하려 함이라 세상에서는 너희가 환난을 당하나 담대하라 내가 세상을 이기었노라 (요한복음 16 : 33)

2) 너희를 위하여 (　　　　)을 하늘에 쌓아 둘 때입니다.

말씀 | 오직 너희를 위하여 보물을 하늘에 쌓아 두라 거기는 좀이나 동록이 해하지 못하며 도둑이 구멍을 뚫지도 못하고 도둑질도 못하느니라 (마태복음 6 : 20)

3) 선지자를 영접할 때 (　　　　　)을 받게 됩니다.

말씀 | 선지자의 이름으로 선지자를 영접하는 자는 선지자의 상을 받을 것이요 (마태복음 10 : 41 ~ 42)

4) 아래의 성경말씀을 직접 찾아 읽고 구체적으로 어떤 상급을 주시는지를 적어봅니다.

말씀 | …… 네가 죽도록 충성하라 그리하면 내가 (   ) 을 네게 주리라 (요한계시록 2 : 10)

말씀 | 시험을 참는 자는 복이 있나니 이는 시련을 견디어 낸 자가 주께서 자기를 사랑하는 자들에게 약속하신 (   )의 면류관을 얻을 것이기 때문이라 (야고보서 1 : 12)

말씀 | 나는 선한 싸움을 싸우고 나의 달려갈 길을 마치고 믿음을 지켰으니 이제 후로는 나를 위하여 (   )면류관이 예비되었으므로 주 곧 의로우신 재판장이 그 날에 내게 주실 것이며 내게만 아니라 주의 나타나심을 사모하는 모든 자에게도니라 (디모데후서 4 : 7 ~ 8)

말씀 | …… 그리하면 목자장이 나타나실 때에 시들지 아니하는 (   )을 얻으리라 (베드로전서 5 : 4)

말씀 | 보라 내가 속히 오리니 내가 줄 (   )이 내게 있어 각 사람에게 그가 (   )대로 갚아 주리라 (요한계시록 22 : 12)

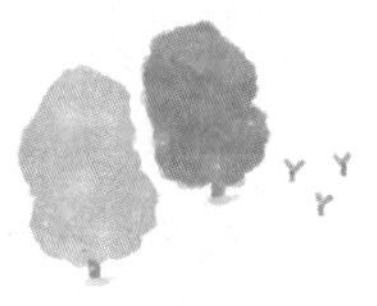

나눔과 적용

1. 하나님 나라에 대하여 새롭게 알고 깨닫는 것이 있다면 아래 빈 칸에 기록하시고 또한 상급에 관한 것도 기록하십시오.

2. 찬송가 235장(보아라 즐거운 우리 집)을 찾아서 먼저 가사를 읽은 후에 큰 소리로 불러보자.(시간 흐름에 따라 1절이나 4절까지만 해도 된다)

■ **읽으면 유익이 되는 책**

목사님! 눈물을 거두세요. 박용규 목사 저. 은파선교출판사

■ **생활숙제**

1. 사도행전 28장 31절을 암기해오기
2. 영성반을 통해 배운 것과 깨달은 점을 중심으로 A4용지에 간증의 글을 써 오십시오.
3. 간증문은 마지막 MT(모임)을 통하여 서로 나누며 하나 된 공동체를 체험하는 시간을 갖겠습니다.

(소그룹 구성원 중에서나 일대일로 수업했을 때 쓰기 과제를 어려워 하는 분은 다른 방법으로 대체합니다)

[간증문 작성하기]

영성반을 무사히 마치게 됨을 진심으로 축하합니다.
영성반은 하나님의 영으로 된 것들에 대한 진리를 배우는 과정입니다. 하나님의 감동으로 된 성경이나 기도, 성령, 예배, 천국 등은 영적인 세계의 것들입니다.
이미 배우신 주요 내용을 늘 간직해서 영적으로 깨어 있는 삶을 살아갈 수 있어야겠습니다.
영성반을 비롯하여 소그룹기본과정을 마치신 분들께는 소그룹 중급과정인 성장반(교회에 따라 한 단계 높은 과정)에서 계속 배울 수 있습니다.

1. 본 과정을 공부하시는 가운데 가장 유익했던 점은 무엇입니까?

2. 본 과정을 이수하면서 영적인 것들, 즉 성경, 기도, 성령님, 예배, 하나님의 나라 등 새로 알았거나 깨달은 것이 무엇인지 기록해 보십시오.

3. 그 동안 지도해 주신 분에게 하고 싶은 말이나 이번기회를 통하여 함께 해주신 분들에게 하고 싶은 말을 기록하여 제출해 주십시오.

※ 위의 내용을 A4용지에 기록하여 MT모임 때 지참하시고 제출해 주십시오.

영성반을 마치면서

영성반 43기 ○○○ 성도

하나님께서 제게 소그룹 기본과정을 통해 그리스도인으로 살 수 있도록 배우게 하시고 만남의교회를 통해서 믿음의 뿌리를 내릴 수 있도록 연단시켜주심을 감사드립니다.

예기치 못했던 많은 시련과 좌절을 통해 주님 앞에 무릎 꿇을 수 있는 계기가 마련되고 잃을 수 밖에 없었던 삶의 부귀 영화도 마음을 다 내려놓을 수 있게 되고 하나없이 비워진 마음이 이처럼 편할 수 있는 건 주님의 놀라우신 사랑과 뜻이 있음을 깨닫고 감사할 수 있기 때문입니다.

주님께선 세상을 쫒아 한없이 망가져가고 세상의 희노애락에만 젖어 주님을 멀리 떠나가는 절 붙잡으시려 물질로 남편의 건강으로 힘들게 되었지만 형제자매 그리고 새로운 소중한 가족을 제 곁에 보내주셔서 그로 인해 저를 다시 불러주시고 회개하고 주님의 자녀된 새로운 삶을 계획하셨습니다.

가정교회를 통해 가까이서 참 그리스도인의 모습을 보여주셔서 저를 통해 그 뜻을 닮아 살아가기를 바라시고 이끄심을 깨닫게 하셨습니다.

영성반을 통해 주님께서 우리들에게 성경말씀을 주신 목적을 알게 하시고 믿게 하시고 영생에 대한 믿음과 확신으로 하나님의 사람으로 온전케 하심을 감사드립니다.

구약에서 창세전에 계획하신대로 예수님의 보혈의 피로 자녀되는 권세를 성령님의 인도하심으로 우리를 살피심을 삼위일체되신 하나님의 놀라우신 처음부터 약속된 천국으로 가는 그 날을 위해 주님께 영광드릴 수 있는 믿음의 생활을 하렵니다.

예배와 섬김 찬양과 기도와 봉헌 그리고 성도의 교제 이 모든 것들을 신령과 진정으로 주님께 드릴 것을 주 앞에 고백합니다.

이제는 성숙된 믿음을 통해 주님나라에서 받을 상급을 위해 참된 그리스도인이 되어 환란가운데서도 담대한 믿음으로 감사하는 만남의교회에 참 일꾼이 되길 원합니다.

아직도 다 털어내 버리지 못한 세상의 일들은 먼지 한 톨 없이 털어내길 노력하면서 성령님의 인도하심을 받겠습니다. 그리고 주님께서 원하시는대로 써 주시길 무릎 꿇어 소망하며 한 단계 한 단계 남은 교육을 받겠습니다. 그 동안 같이한 영성반 식구들의 달라져가는 모습이 아름다웠고 믿음으로 승리하는 모습과 성숙되어가는 신앙을 통해 같이 동역하는 일꾼되기를 간절히 원하며 주님을 알아가는 이 시간들이 너무나 행복합니다.

감사합니다.

강정원 목사는

오늘날의 사람들은 급격히 영성이 떨어지고 혼탁해져 가는 시대속에서 살아가고 있다. 이제는 성도 한 사람 한 사람을 가르치지 않으면 이단들이나 사이비 집단이 쳐 놓은 미혹에 걸려 넘어질 수 있는 시대이다. 바로 이런 때에 강정원목사는 성도 한 사람을 부지런히 가르치는데 힘을 다하고 있으며, 성도가 알아야 할 지식은 물론, 삶을 나누고 서로 기도할 수 있도록 교재의 내용을 구성하고 있다. 그는 이 영성반 교재를 통하여 영성반에 참여하는 성도들의 영성이 회복되고 모든 성도들이 하나님나라의 주인공이 되도록 가르치고 있다.

광주대학교 법학과를 졸업하고, 호남신학대학교 신학과와 장로회신학대학교 신학대학원을 졸업했다. 호남신학대학교 대학원에서 신학석사(Th.M.), 미국트리니티신학대학교 및 신학대학원(Trinity Theological College & Seminary)에서 신학박사(Th.D.)학위와 웨스트민스터신학대학원대학교에서 선교학박사(D.Miss.)학위를 취득했다.

계간 크리스찬문학 신인상을 받은 뒤, 국제크리스찬작가협회, 한국기독교문인협회, 한국문인협회 회원으로 활동하고 있다. 현재 CBS기독교광주방송에서 설교하고 있으며 광주성시화운동본부 공동회장, 국제제자훈련원 칼넷 광주지역총무, 아름다운신문기독타임스 편집위원장, 한국소그룹목회연구원의 전문위원과 소그룹목회연구소장을 맡고 있다. 그리고 후학들을 위하여 웨스트민스터신학대학원대학교 교수로 실천신학 과목을 강의하고 있다.